Titel
Beheersing van zakelijk krediet in 2023

Ondertitel
Strategieën die ondernemers en consumenten aanspreken

Mila Malani

Contents

Hoofdstuk 1:
Inzicht in zakelijk krediet in 2023

Een goed begrip van krediet is essentieel voor succes in de steeds veranderende zakenwereld. De dynamiek van bedrijfskredieten is aanzienlijk veranderd nu we 2023 ingaan, waardoor de strategieën en tactieken zijn veranderd die bedrijven moeten gebruiken om te slagen in de competitieve omgeving. In dit grondige onderzoek zullen we ons verdiepen in de complexiteit van bedrijfsfinanciering in 2023, de eigenaardigheden ervan belichten en ervaren zakenmensen inzichtelijk advies geven.

Overzicht van de revolutionaire ontwikkeling van zakelijk krediet

Er is veel veranderd sinds bedrijfskrediet slechts een financieel instrument was. Het is uitgegroeid tot een cruciale maatstaf voor de legitimiteit en het groeipotentieel van een bedrijf in de moderne tijd. De convergentie van technologische ontwikkelingen en een sterkere nadruk op transparantie, die leidt tot een beweging naar meer datagedreven oordelen, is wat 2023 bijzonder maakt.

Technologische ontwikkelingen accepteren

De manier waarop betrouwbaarheid wordt beoordeeld is getransformeerd met behulp van neurale netwerken en machinaal leren. Om een completer en nauwkeuriger kredietprofiel te genereren, kunnen algoritmen nu de financiële toestand van een organisatie, marktplaatsing en zelfs sentimentonderzoek uit verschillende bronnen onderzoeken. Als gevolg van deze verandering is de methode die wordt gebruikt om krediet te beoordelen nu sneller, effectiever en minder afhankelijk van conventionele gegevensbronnen.

Toegankelijkheid tot gegevens en transparantie

De tijd dat kredietbureaus als enige bevoegd waren voor het berekenen van kredietscores zijn al lang voorbij. In 2023 zal de nadruk liggen op de toegankelijkheid van gegevens en openheid. Bedrijven kunnen nu actief realtime financiële informatie en prestatiemaatstaven aan kredietbureaus verstrekken en daarmee hun individuele kredietverhaal definiëren. Dankzij deze empowerment kunnen ondernemers en kleine bedrijven nu op gelijke voet concurreren met grote bedrijven.

De afwijkingen in de kredietstatistieken voor 2023:

Het begrijpen van de complexe maatstaven die in deze hoogontwikkelde periode van belang zijn voor het kredietprofiel van een bedrijf, is essentieel. Kredietbureaus houden nu naast financiële gegevens ook rekening met een breed scala aan factoren.

1: Financiële gezondheidsindicatoren:

Traditionele financiële maatstaven zoals winstgevendheid, liquiditeit en schulden/eigen vermogen zijn nog steeds belangrijk. Moderne kredietbeoordelingen gaan dieper in op trendonderzoek en benadrukken het vermogen van een bedrijf om zijn financiën te beheren door middel van veranderingen in de economie.

2. Analyse van marktperceptie:

De mening van consumenten en de merkreputatie zijn cruciaal. Positieve consumentenfeedback en een robuuste aanwezigheid op internet helpen bedrijven betrouwbaarder over te komen, wat hun kredietwaardigheid verbetert.

3. Dynamiek van de aanbodketen:

Tegenwoordig is de kredietwaardigheid van een bedrijf afhankelijk van de gezondheid van zijn partners en leveranciers. Het vermogen van een bedrijf om risico's succesvol te beheersen, blijkt uit een veerkrachtige toeleveringsketen.
Scores voor bestuur, sociale verantwoordelijkheid en milieu (ESG):

ESG-scores zijn in 2023 bekender geworden. Betere leningvoorwaarden zijn het resultaat van het feit dat investeerders en kredietverstrekkers vaak de voorkeur geven aan bedrijven die zich toeleggen op duurzame bedrijfspraktijken en sociale verantwoordelijkheid.

Bedrijfskredietnavigatie in 2023: successtrategieën:

Het is van cruciaal belang dat ervaren ondernemers zich aanpassen aan de veranderende kredietsituatie. Hier zijn enkele tactieken waarmee u rekening moet houden.

Gegevens proactief beheren:

Werk uw financiële gegevens regelmatig bij en geef kredietrapporteringsorganisaties up-to-date informatie. Dit bevordert de openheid en helpt bij het creëren van een gunstig kredietverhaal.

2. adopteer technologie

Profiteer van financiële analysetools aangedreven door AI. Het nemen van verstandige beslissingen kan worden geholpen door deze tools, die onschatbare inzichten kunnen bieden in de financiële gezondheid van uw bedrijf.

3. Verander uw financieringsbronnen:

De kredietsector is sinds 2023 veranderd. Om voordelige kredietvoorwaarden te verkrijgen, moet u alternatieve financieringsbronnen onderzoeken buiten de conventionele bankinstellingen, waaronder peer-to-peerleningen en crowdfunding.

4. Stel prioriteiten voor het ESG-initiatief:

Het is voordelig voor het milieu en uw kredietprofiel om milieubewuste methoden in uw bedrijfsplan op te nemen. Bedrijven met hoge ESG-scores krijgen vaak een gunstige behandeling van kredietverstrekkers en investeerders.

Vind uw weg door de kredietgrens

De wereld van bedrijfskredieten is een dynamische plek nu 2023 dichterbij komt, gedreven door data, technologie en veranderende perspectieven. Zakelijk krediet is uitgegroeid tot een complexe beoordeling van de gehele gezondheid, betrouwbaarheid en sociale impact van een bedrijf en is niet langer beperkt tot financiële metingen. Ondernemers moeten veranderen om te slagen in dit moderne tijdperk, waarbij ze technologische hulpmiddelen, openheid en vooruitstrevende technieken moeten omarmen. Houd er rekening mee dat bedrijfskrediet een weergave is van de mogelijkheden voor uw bedrijf en de toewijding aan vooruitgang in de moderne wereld, en niet alleen maar een cijfer.

Hoofdstuk 2:

De rol van de groei van bedrijfskredieten in 2023

Kredietexpansie is een van de belangrijkste variabelen die van invloed zijn op de richting van ondernemingen in de dynamische wereldeconomie. Nu we 2023 ingaan, is het van cruciaal belang om de complexe wereld van de groei van de bedrijfskredieten te verkennen en de relevantie, complexiteit en gevolgen ervan voor bedrijven in een reeks sectoren te begrijpen.

De onzichtbare kracht die de groei stimuleert

De groeiende bedrijfskredieten zijn de drijvende kracht achter de economische groei. Het biedt de noodzakelijke financiering voor zowel grote als kleine bedrijven om te investeren in nieuwe inspanningen, hun activiteiten te laten groeien en innovatie na te streven. In 2023, terwijl sectoren werken aan het herstel van de schokken die zijn veroorzaakt door recente gebeurtenissen in de wereld, is de opkomst van bedrijfskredieten steeds relevanter geworden. De beschikbaarheid van krediet bevordert de algemene economische vitaliteit, naast het bevorderen van individueel zakelijk succes.

De staat van de economie

Beschouw de uitbreiding van bedrijfskredieten als de hartslag van een bloeiende economie. Een consistente en duurzame stijging van de kredietverlening duidt erop dat bedrijven optimistisch zijn over hun toekomst, wat hen ertoe aanzet voorzichtige risico's te nemen en nieuwe kansen te onderzoeken. Aan de andere kant kan een vlakke of afnemende groei van de kredietverlening wijzen op voorzichtigheid en zelfs op een gebrek aan vertrouwen in de toestand van de economie. Het monitoren van de groei van de bedrijfskredieten is essentieel voor bedrijven, maar ook voor wetgevers, investeerders en economische experts die de toestand van de economie beoordelen.

Technologische veranderingen die de toegang beïnvloeden

In 2023 zullen technologische ontwikkelingen de omgeving voor de uitbreiding van bedrijfskredieten transformeren. De manier waarop organisaties toegang krijgen tot krediet verandert door de opkomst van ophaalbedrijven, op blockchain gebaseerde systemen en digitale leenplatforms.

Deze veranderingen verbeteren het speelveld voor nieuwe bedrijven en kleinere bedrijven door het aanvraagproces te stroomlijnen, de transparantie te verbeteren en een snellere toegang tot kapitaal mogelijk te maken. Data-analyse en computationele intelligentie worden ook steeds vaker gebruikt om de kredietwaardigheid te beoordelen, waardoor kredietverstrekkers leningen kunnen verstrekken aan een groter aantal bedrijven en betere beslissingen kunnen nemen.

Obstakels tussen kansen beheren

Hoewel de uitbreiding van de bedrijfsfinanciering veel voordelen met zich meebrengt, brengt zij ook moeilijkheden met zich mee die zorgvuldig moeten worden overwogen. Een van deze moeilijkheden is het handhaven van een zorgvuldig evenwicht in een context van toegenomen krediet- en schuldhoudbaarheid. Bedrijven moeten oppassen dat ze in 2023 niet te veel schulden maken, vooral nu de rentetarieven waarschijnlijk zullen fluctueren. Bovendien kunnen externe variabelen zoals geopolitieke onrust, veranderingen in de economische strategie en onverwachte onderbrekingen een impact hebben op de beschikbaarheid van leningen, waardoor flexibiliteit en noodplanning noodzakelijk zijn.

Sectoren die voorop lopen in verandering

In 2023 zullen enkele bedrijfstakken het voortouw nemen als het gaat om het vergroten van de bedrijfskredieten. Technologieën die worden aangedreven door innovatie en investeringsbelang kennen een exponentiële groei, waaronder biotechnologie, hernieuwbare energie en kunstmatige intelligentie. Om ontwikkeling, onderzoek en marktuitbreiding te financieren hebben deze industrieën vaak aanzienlijke kapitaalinjecties nodig. Ze zijn zo sterk afhankelijk van direct beschikbare en aanpasbare financieringsopties om hun groeitraject voort te zetten.

Internationale connectiviteit en kredietgroei

De groei van de bedrijfskredieten overschrijdt regionale grenzen in een wereldeconomie die mondiaal steeds meer geïntegreerd raakt. Krediet is een belangrijke financieringsbron voor multinationale ondernemingen, zowel voor binnenlandse expansie als voor het opzetten en uitbreiden van activiteiten in het buitenland. Dit laat zien hoe cruciaal krediet is voor het bevorderen van de internationale handel, technische vooruitgang en economische samenwerking.

Conclusie: Vind uw weg vooruit

Bedrijven, investeerders en overheden moeten allemaal voorzichtig zijn en initiatief nemen terwijl we omgaan met het volatiele terrein van de ontwikkeling van bedrijfskredieten in 2023. Om het potentieel van kredietexpansie te maximaliseren en tegelijkertijd de daarmee samenhangende risico's te minimaliseren, zal het essentieel zijn om technologische vooruitgang te omarmen en de variabelen te begrijpen die van invloed zijn beschikbaarheid van kredieten, en verstandige financiële maatregelen implementeren. De impact van de uitbreiding van de kredietverlening aan bedrijven in 2023 zal verder gaan dan eenvoudige financiële transacties en de richting van de industrieën, de economische groei en de toestand van de mondiale welvaart beïnvloeden.

Mogen we deze onderzoeks- en kennisreis achter ons laten met de instrumenten die we nodig hebben om kansen te benutten, obstakels te overwinnen en te helpen een sterk en veerkrachtig financieel klimaat op te bouwen?

Hoofdstuk 3:
Waarom het opbouwen van bedrijfskrediet belangrijk is

Het idee van krediet speelt vaak een prominente rol in het uitgebreide weefsel van bedrijfsinspanningen, net als de hoofdpersoon in een boeiend verhaal. Maar hoe zit het met commercieel krediet? Het is de minder bekende maar niet minder belangrijke figuur in dit verhaal. Stel je het voor als een onzichtbare held die voortdurend op de achtergrond werkt om ondernemingen vooruit te helpen. Vandaag zijn we op reis gegaan om de complexiteit te verduidelijken van waarom het aangaan van bedrijfskredieten cruciaal is, waarbij we de betekenis ervan benadrukken en de verbazingwekkende manieren waarop dit de koers van uw bedrijf kan beïnvloeden.

Er is meer dan persoonlijk krediet

U heeft waarschijnlijk wel eens verhalen gehoord over mensen die hun kredietwaardigheid proberen te verhogen. Wist u echter dat bedrijven ook een individuele kredietgeschiedenis hebben? Het ontwikkelen van zakelijk krediet is als het creëren van een onderscheidend financieel merk voor uw bedrijf. Het is alsof u over een verborgen code beschikt die alles zegt over de levensvatbaarheid, geloofwaardigheid en reputatie van uw bedrijf. Zijn krediet is de toegangspoort tot uitgebreidere financiële opties, net zoals het onwaarschijnlijk is dat u eenvoudigweg afhankelijk bent van uw eigen privéreputatie om belangrijke deals te sluiten.

Het vertrouwensaspect

Denk erover na om een bedrijf te beginnen en een kassier die je nog nooit hebt ontmoet een handvol contant geld te geven. Het is een daad van geloof, voortgestuwd door een aangeboren gevoel van vertrouwen. Pas dit scenario nu toe op de zakenwereld. Het opbouwen van bedrijfskredieten is als het ontwikkelen van vertrouwen in de financiële gemeenschap. Uw bedrijfsreputatieprofiel wordt door leveranciers, partners en kredietverstrekkers gebruikt om uw geloofwaardigheid te beoordelen. Zij kunnen vaststellen dat uw bedrijf betrouwbaar is en toegewijd is aan het nakomen van zijn financiële verplichtingen als u een goede kredietgeschiedenis heeft. Dit vertrouwen tilt uw bedrijf uit de achtergrond en in de schijnwerpers.

Een brug naar groei

Iedere bedrijfseigenaar droomt van ontwikkeling naar nieuwe markten, de introductie van geavanceerde producten en een schaalvergroting van de activiteiten. Als u over een goed bedrijfskrediet beschikt, krijgt u toegang tot de financiering die u nodig heeft om uw dromen te verwezenlijken. Het lijkt op het bezitten van een toverstokje waarmee je geld kunt verdienen om in de toekomst van je bedrijf te investeren. U kunt grotere kredietlijnen en de voorkeur verdienende leningsregelingen krijgen als uw kredietgeschiedenis solide is. Uw groeidoelstellingen worden gevoed door deze instroom van contant geld, waardoor u de financiële kracht krijgt om te profiteren van kansen die anders buiten uw bereik zouden liggen.

Identiteiten gescheiden houden en bezittingen beschermen

Beschouw uw bedrijf als een individu, een personage in een eigen verhaal. Met een zakelijk krediet kunt u gemakkelijker onderscheid maken tussen het financiële verhaal van uw bedrijf en uw persoonlijke omstandigheden. Deze indeling is niet alleen voor het gemak; het is een berekende actie die uw privévermogen beschermt tegen mogelijke gevaren voor uw bedrijf. Deze scheiding geeft je een vangnet in de turbulente zakenwereld waar onzekerheden groot zijn. Uw persoonlijke fortuin is veilig als uw bedrijf in de problemen komt, zodat u de storm met kracht kunt doorstaan.

De invloed van onderhandelingen

Stelt u zich eens voor dat u met een zelfverzekerde houding de onderhandelingskamer betreedt, wetende dat de financiële positie van uw bedrijf u voorgaat. Het ontwikkelen van zakelijk krediet geeft u precies zo'n autoriteit. Uw solide kredietgeschiedenis wordt door crediteuren en kredietverstrekkers gezien als bewijs van uw gezond geldbeheer. Als u een krediet aanvraagt, vertaalt deze visie zich in grotere voordelen, lagere rentetarieven en voordeligere voorwaarden. U bent niet langer slechts een lener; nu bent u een investeerder met invloed die regelingen kan treffen die uw bedrijf ten goede komen.

Bloeien in dubbelzinnigheid

Als muzikaal leider van de symfonie van uw gezelschap weet u heel goed dat de melodie van de markt af en toe grillig kan zijn. Zelfs de mooiste composities kunnen verstoord worden door economische onzekerheid, die plotseling kan ontstaan. Hier verandert het verkrijgen van bedrijfskrediet in uw geheime wapen. Een sterke kredietbasis fungeert als een kussen, waardoor u met kalmte het rotsachtige terrein kunt betreden. Uw sterke kredietgeschiedenis geeft u de flexibiliteit om u aan te passen, te ontwikkelen en te bloeien, zelfs in tijden van onrust, terwijl anderen het moeilijk vinden om kapitaal te verwerven of de cashflow te beheren.

Van de ene samenwerking naar de andere

Beschouw de ontwikkeling van uw bedrijf als een reeks partnerschappen, die elk het verhaal verder brengen. Het opbouwen van zakelijk krediet geeft deze partnerschappen een aangename glans en stimuleert professionaliteit en vertrouwen. Leveranciers en zakenpartners zijn eerder geneigd met u samen te werken als zij vertrouwen hebben in uw onberispelijke financiële staat van dienst. Dit vertrouwen wordt omgezet in betere voorwaarden, hogere kredietlimieten en de kracht om over voorwaarden te onderhandelen die in overeenstemming zijn met de status van uw bedrijf. Uw kredietgeschiedenis heeft invloed op meer dan alleen uw bedrijfsresultaten; het maakt bovendien van elke interactie een vruchtbare samenwerking.

Vervolg erfenis

Beschouw de nalatenschap van uw bedrijf als een klassiek kunstwerk dat door de eeuwen heen is doorgegeven. Een belangrijk onderdeel van deze erfenis is het verkrijgen van bedrijfskredieten, die ervoor zullen zorgen dat uw ondernemersverhaal door de eeuwen heen blijft bestaan. De basis voor bedrijfscontinuïteit en planning voor opvolging is een solide kredietgeschiedenis.

Wanneer het tijd is voor nieuwe managers om het roer over te nemen, erven zij een financieel gezond en goed geleid bedrijf. Als gevolg van uw vooruitziende blik bij het opzetten van bedrijfskredieten, creëert u een erfenis die door de eeuwen heen blijft bestaan.

Als gevolg,

Het algemene verhaal wordt duidelijker en aantrekkelijker naarmate ons onderzoek naar de wereld van het verkrijgen van bedrijfskredieten eindigt. Het opbouwen van bedrijfskrediet is een weg naar autonomie, vertrouwen en welvaart, en niet slechts een financiële strategie. Het gaat erom uw bedrijf een uniek merk te geven, vertrouwen binnen de bankomgeving te ontwikkelen en de basis te leggen voor expansie en veerkracht. Het verhaal van uw bedrijfsreputatie is het weefsel dat alles bij elkaar houdt, of u nu te maken heeft met economische onzekerheid of sterke partnerschappen opbouwt. Houd er tijdens uw reis dus rekening mee dat het verkrijgen van een zakelijk krediet meer inhoudt dan alleen het rapporteren van gegevens in een rapport; het gaat ook over het vertellen van een verhaal over succes en verandering in de zakenwereld.

Hoofdstuk 4:
Hoe u krediet kunt opbouwen in 2023: een stapsgewijze handleiding

Invoering:
Het hebben van een uitstekende kredietwaardigheid is belangrijker dan ooit in het volatiele financiële klimaat van 2023. Uw kredietwaardigheid is cruciaal, of u nu op zoek bent naar dat ideale huis, een solide paar wielen of zelfs betere rentetarieven. Ook al lijkt het opbouwen van een krediet misschien een lastige opgave, wees niet bang! Deze diepgaande, stapsgewijze handleiding heeft tot doel de procedure te verduidelijken en u de hulpmiddelen te geven die u nodig hebt om het kredietopbouwproces met succes te voltooien.

Stap 1: Begrijp de grondbeginselen
Het begrijpen van de fundamenten van krediet is van cruciaal belang voordat u er meteen mee aan de slag gaat. Uw kredietscore weerspiegelt uw fiscale stabiliteit en uw vermogen om leningen terug te betalen. Hogere scores duiden op een betere kredietwaardigheid; het bereik loopt van 300 tot 850. Deze score wordt

beïnvloed door verschillende variabelen, waaronder de betalingsgeschiedenis, het kredietgebruik, de duur van de kredietgeschiedenis, kredietcategorieën en huidige vragen.

Controleer uw kredietbeoordelingsrapport in stap 2.

Een rapport op uw financiële kaart is wat uw kredietrapport is. Transition, Equifax en Ex zijn de drie belangrijkste kredietbureaus waar u een gratis exemplaar kunt krijgen. Controleer het zorgvuldig op fouten, zoals onnauwkeurige privégegevens of organisaties die u niet hebt geopend. Om te garanderen dat uw kredietgeschiedenis nauwkeurig wordt weergegeven, moet u eventuele fouten betwisten.

Begin met een beveiligde creditcard in stap 3

Een beveiligde betaalkaart is een geweldige plek om te beginnen als u geen kredietgeschiedenis heeft. Beveiligde creditcards vereisen, in tegenstelling tot standaard creditcards, de storting van contant geld als zekerheid. Het stortingsbedrag komt doorgaans overeen met uw kredietlimiet. Uw kredietscore kan gestaag worden verhoogd door verantwoord gebruik en tijdige betalingen.

Verkrijg de status van een geautoriseerde gebruiker Stap 4:
Vraag eventuele naaste familieleden of vrienden met een goede kredietgeschiedenis om u als geautoriseerde gebruiker toe te voegen aan hun debetkaartrekening. Uw kredietscore kan indirect worden verbeterd door uw goede betalingsgeschiedenis. Om eventuele slechte gevolgen te voorkomen, moet u ervoor zorgen dat hun financiële gewoonten hiervoor verantwoordelijk zijn.

Vraag in stap 5 een financiële bouwlening aan

Leningen waarmee u krediet kunt opbouwen, zijn bedoeld om voor dit doel te worden gebruikt. Ze werken door u een kleine lening te geven die in bewaring wordt gehouden terwijl u regelmatig betalingen doet. Het geld is van jou zodra de lening is terugbetaald. Uw kredietgeschiedenis wordt beïnvloed door deze betalingen, aangezien ze worden doorgegeven aan de kredietbureaus.

Beheer uw kredietgebruik Stap 6:

Het deel van het tegoed dat u nu gebruikt, staat bekend als uw kredietgebruiksratio. Houd deze verhouding op of onder de 30%. Een hoog gebruik kan wijzen op financiële stress, waardoor uw kredietscore daalt. Betaal regelmatig bedragen af om te voorkomen dat u de creditcardlimieten bereikt.

Betaal rekeningen altijd op tijd Stap 7:

Een goede kredietscore is gebaseerd op consistente, tijdige betalingen. Gebruik budgettools, automatiseer betalingen of stel herinneringen in, zodat u nooit een deadline vergeet. Uw kredietwaardigheid kan negatief worden beïnvloed door zelfs maar één laattijdige betaling.

Spreid uw kredietmix uit Stap 8:

Als u een verscheidenheid aan kredietrekeningen heeft, waaronder leningen, creditcards en hypotheken, geeft dit aan in hoeverre u in staat bent om verschillende soorten kredieten veilig te beheren. Vraag echter alleen krediet aan dat u goed kunt beheren en dat u nodig heeft.

Volg uw ontwikkeling Stap 9:
Houd uw voortgang in de gaten door regelmatig uw kredietrapport en score te controleren. Hiervoor zijn veel gratis tools en applicaties beschikbaar. Eer uw prestaties en blijf uw kredietpraktijken verbeteren.

Conclusie:

In 2023 zal het verkrijgen van krediet volharding, toewijding en goed geldbeheer vergen. U kunt een sterke kredietbasis ontwikkelen door de fundamentele concepten te begrijpen, gebruik te maken van middelen zoals beveiligde debetkaarten maar kredietverhogende leningen, en door goede kredietpraktijken te handhaven. Houd er rekening mee dat uw kredietwaardigheid een indicatie is van uw financiële verantwoordelijkheid, dus ga met zekerheid en vastberadenheid het avontuur aan. Het werk dat u vandaag verricht, zal uw financiële doelstellingen in de toekomst ten goede komen.

Hoofdstuk 5:
De dynamiek van zakelijke kredietrapportage

Invoering:
Financiële stabiliteit is een cruciaal onderdeel van succes in de complexe zakenwereld. Bedrijven moeten hun kredietwaardigheid op dezelfde manier beheren als individuen proberen een sterke persoonlijke kredietgeschiedenis op te bouwen. Welkom bij 'The Mechanics of Corporate Credit Reporting', een intrigerende verkenning van de verweven wereld van zakelijk krediet, ratings en rapporten. Het kennen van deze dynamiek is cruciaal voor ondernemers en enthousiastelingen om verstandige financiële keuzes te maken die hun bedrijf naar nieuwe hoogten brengen.

Het landschap van zakelijk krediet:
Zakelijk krediet houdt zich bezig met de financiële acties van een bedrijf, in tegenstelling tot persoonlijk krediet, dat zich richt op elke lening- en betalingsgeschiedenis. Het vat samen hoe consistent een bedrijf zijn schulden afbetaalt, de cashflow controleert en de

kredietrelaties beheert. De leningbureaus, financiële bedrijven, handelaars en natuurlijk uw bedrijf zijn de belangrijkste spelers op deze markt.

Equifax, Experian en Transition zijn bekende namen in particuliere kredietrapporten, net zoals Dun en Bradstreet, Experian Commercial en Experian Business belangrijke deelnemers zijn in de wereld van zakelijk krediet. Deze bureaus verzamelen informatie uit vele bronnen om zakelijke kredietstatussen te verstrekken, waaronder details over de kredietgeschiedenis van een organisatie, betalingspatronen en algemene financiële gezondheid.

Zakelijk krediet vestigen:
Om een zakelijk krediet vast te stellen, is een reeks financiële transacties vereist. Tijdige betalingen aan crediteuren, kredietverstrekkers en leveranciers verbeteren de kredietwaardigheid van uw bedrijf. Hoewel uw persoonlijke kredietgeschiedenis van invloed kan zijn op het initiële krediet van uw bedrijf, is het belangrijk om de financiën van uw bedrijf gescheiden te houden. Denk aan het registreren voor een

arbeidsidentificatienummer (EIN), het openen van een bedrijfsbankrekening en het aanvragen van een zakelijke creditcard.

De werking van zakelijke kredietbeoordelingen: Bedrijven krijgen kredietbeoordelingen die hun kredietwaardigheid aangeven, zoals hoe mensen FICO-scores krijgen. Hogere scores duiden op een lager kredietrisico; scores kunnen variëren van 0 tot 100. Betalingsgeschiedenis, kredietgebruik, bedrijfsgrootte, sectorrisico en openbare gegevens zijn allemaal factoren die de kredietscores van bedrijven beïnvloeden. Door de kredietscore van uw bedrijf in de gaten te houden en te verhogen, kan uw bedrijf voordelige financieringsvoorwaarden en leveranciersverbindingen krijgen.

Het effect van openbare registers:

Openbare documenten, waaronder vonnissen, belastingregels en faillissementen, kunnen een groot effect hebben op uw zakelijke krediet. Deze onvolkomenheden kunnen uw kredietwaardigheid schaden en het vertrouwen van kredietverstrekkers en zakenpartners vernietigen. Het bijhouden van nauwkeurige financiële gegevens, het op tijd betalen van belastingen en het snel afhandelen van juridische zaken zijn van groot belang.

Kredietrapporten voor kleine ondernemingen:
Vooral in het begin overlappen de individuele kredietgeschiedenis en het bedrijfskrediet bij kleinere ondernemingen vaak. Bij de beoordeling van leningaanvragen voor bedrijven konden kredietverstrekkers rekening houden met het persoonlijke krediet van de ondernemer. Maar wanneer uw bedrijf groeit, wordt het opbouwen van een onderscheidend kredietprofiel belangrijker.

Leveranciersrelaties beheren: Leveranciers en verkopers geven bedrijven vaak kredietvoorwaarden. Een stabiele toeleveringsketen wordt verzekerd door het ontwikkelen van solide leveranciersrelaties, wat ook de kredietwaardigheid van uw bedrijf ten goede komt. Als u zich aan de kredietvoorwaarden houdt en facturen op tijd betaalt, kunt u van uw bedrijf een betrouwbare partner maken en resulteren in hogere kredietaanbiedingen.

De complexe wereld van bedrijfskredietrapportage vereist een combinatie van financieel inzicht, strategisch denken en stabiel financieel management. Zakelijk krediet beïnvloedt de groeikansen van uw bedrijf op dezelfde manier waarop persoonlijk krediet uw financiële kansen bepaalt. Als u begrijpt hoe zakelijke kredietrapportage werkt, kunt u goed geïnformeerde beslissingen nemen die het succes ondersteunen.

Houd er altijd rekening mee dat het op peil houden van de bedrijfskredieten voortdurende inspanningen vergt. Houd de kredietrapporten van uw bedrijf in de gaten, los eventuele fouten op en werk aan het vergroten van uw kredietwaardigheid. U, het gevorderde publiek, beschikt over de informatie en vaardigheden die nodig zijn om de financiële koers van uw bedrijf te beheersen. U kunt een toekomst creëren waarin uw bedrijfsinitiatieven slagen en uw financiële keuzes worden ondersteund door een sterke kredietbasis door de aard van zakelijke kredietrapportage te accepteren.

Hoofdstuk 6:
De zakelijke kredietscore: feit versus fictie

Invoering:
De term 'credit rating' duikt vaak op in de complexe wereld van de bedrijfsfinanciering, en brengt zowel cruciale inzichten als onwaarheden met zich mee die belangrijke financiële beslissingen kunnen beïnvloeden. U staat op het punt een reis te maken die de feiten ontrafelt en de mythen rond de intrigerende wereld van de Business Credit Rating ontkracht, als geavanceerde denkers die een dieper begrip willen. Laten we naar de kern van de zaak gaan: de informatie die u vindt is net zo belangrijk als de plannen die u maakt.

Basis van kredietwaardigheid:
De Business Credit Score is, net als zijn persoonlijke tegenhanger, een numerieke weergave van de kredietwaardigheid van een bedrijf. Het is een driecijferig getal dat doorgaans varieert van 0 tot 100 en dient als een financiële vingerafdruk die de financiële stabiliteit, de betalingsgeschiedenis en de kredietbeheerpraktijken van een bedrijf weerspiegelt.

Rol van kredietbureaus: De fictie komt vaak voort uit misvattingen over wie deze scores berekent. In tegenstelling tot persoonlijke kredietscores, die gewoonlijk door meerdere kredietbureaus worden verstrekt, worden zakelijke kredietscores voornamelijk aangeboden door gespecialiseerde bureaus zoals Dun & Bradstreet, Experian Business en Equifax Business. Deze bureaus verzamelen gegevens uit verschillende bronnen, waaronder betalingsgeschiedenis, juridische gegevens en branchetrends, om een uitgebreid financieel profiel van een bedrijf te creëren.

Invloed op leenkracht:

Het vermogen van een bedrijf om voordelige financieringsregelingen te krijgen kan aanzienlijk worden beïnvloed door een hoge kredietscore van het bedrijf. Deze ratings worden door crediteuren en kredietverstrekkers gebruikt om het gevaar van het verstrekken van financiering aan een bedrijf in te schatten. Een hoge score kan resulteren in gunstiger leenvoorwaarden, zoals lagere rentetarieven en hogere kredietlimieten, terwijl een lage score mogelijk zwaardere eisen met zich meebrengt.

Onderdelen van de kredietscore:

Bij de kredietscore van het bedrijf wordt rekening gehouden met een aantal variabelen, zoals betalingen uit het verleden, kredietgebruik, sectorrisico, bedrijfsomvang en openbare gegevens. Deze informatie wordt verzameld in een grondig rapport dat potentiële kredietverstrekkers en partners een beeld geeft van de financiële gezondheid van een bedrijf.

Waarheid uit fictie identificeren:

Mythe: Persoonlijke en zakelijke kredietscores zijn gelijkwaardig. Een van de meest voorkomende misvattingen is het idee dat uw persoonlijke en zakelijke kredietscores hetzelfde zijn. Hoewel ze af en toe een impact op elkaar kunnen hebben, zijn het afzonderlijke dingen. Een zakelijke kredietwaardigheid wordt grotendeels bepaald door de financiële praktijken van uw bedrijf, niet door uw eigen kredietwaardigheidsgeschiedenis.

Feit: Bedrijfskredietbeoordelingen zijn niet beschikbaar voor het publiek. Zakelijke kredietbeoordelingen zijn niet gemakkelijk beschikbaar voor het publiek, in tegenstelling tot persoonlijke kredietscores. Bij het vaststellen van de kredietwaardigheid kunnen bedrijven echter toestemming geven aan potentiële kredietverstrekkers en samenwerkingspartners om hun kredietgegevens te controleren.

Mythe: Onmiddellijke verbetering van de kredietscore na terugbetaling van schulden. Een hoge bedrijfskredietscore hangt af van het voortdurend afbetalen van schulden, ook al zijn de resultaten misschien niet meteen voelbaar. Het handhaven van consistente goede financiële praktijken is van cruciaal belang, omdat kredietbureaus door de tijd heen rekening houden met patronen van financieel gedrag.

Variatie in krediettypen is belangrijk. Net als persoonlijk krediet kan het hebben van een verscheidenheid aan creditcards de kredietscore van uw bedrijf verbeteren. Het vermogen van uw bedrijf om meerdere financiële verantwoordelijkheden te beheren, blijkt uit de combinatie van leningen, creditcards en handelskredieten.

Conclusie:

Houd er rekening mee dat onderwijs het meest effectieve hulpmiddel is in uw financiële gereedschapskist wanneer u begint met uw onderzoek naar de Business Credit Score. Ook al is de grens tussen fictie en werkelijkheid misschien vaag, u bent nu beter in staat om onderscheid te maken tussen de twee en beslissingen te nemen die van invloed zijn op de koers van uw bedrijf.

Het is een strategische noodzaak, en niet slechts een optionele taak, om de kredietscore van uw bedrijf te achterhalen. Met deze kennis in de hand beweegt u zich zelfverzekerd en helder door de financiële wereld. Als geavanceerd publiek bent u zich bewust van de complexiteit van bedrijfskredietbeoordelingen, die het hoogtepunt van de economische reis van uw bedrijf vertegenwoordigen en veel meer omvatten dan slechts één cijfer. Laat u daarom leiden door de feiten terwijl u verder gaat op uw reis als een slimme zakenman of zakelijk ingesteld persoon, en laat de fictie vervagen.

Hoofdstuk 7:
Oprichting van een sterke kredietbasis

Invoering:
Uw krediet is een hoeksteen die vaak de sleutel bevat tot het openen van deuren, het verwezenlijken van ambities en het beschermen van uw financiële toekomst in het doolhofachtige rijk van persoonlijke financiën. Hallo en welkom op het pad van "Oprichting van een Solid Credit Foundation." U staat op het punt om als deskundige lezer in de kern van dit cruciale onderwerp te duiken en tactieken, percepties en subtiliteiten te leren waarmee u een kredietbasis kunt opbouwen die in de loop van de tijd standhoudt.

Het belang van een solide kredietbasis:
Een gezonde kredietbasis is de hoeksteen waarop uw bedrijfsdoelen rusten, net zoals een stevig fundament essentieel is voor een gebouw. Een sterke kredietgeschiedenis maakt het gemakkelijker om leningen en hypotheken te verkrijgen, voordelige rentetarieven te ontvangen en zelfs werkkansen te vinden.

De kredietscore-mysteries: de mysterieuze kredietscore vormt de kern van uw kredietbasis. Het driecijferige getal dat uw kredietwaardigheid weergeeft, varieert normaal gesproken van 300 tot 850. Uw betalingen in het verleden, kredietgebruik, kredietgeschiedenis, kredietcategorieën en meest recente vragen zijn allemaal weerspiegelingen van uw financiële gedrag.

De grondbeginselen van krediet:

Uw kredietwaardigheid wordt gevormd door een aantal in elkaar grijpende bouwstenen waaruit uw kredietfundament bestaat. Deze omvatten uw kredietgebruik (het percentage creditcardsaldi ten opzichte van de kredietlimieten), betalingsgeschiedenis (de geschiedenis van tijdige aflossingen), de lengte van uw kredietgegevens, soorten rekeningen met krediet en recente kredietonderzoeken.

Technieken voor het bouwen van een solide kredietbasis

Begin vroeg: Tijd is een cruciale bondgenoot bij het creëren van een solide kredietgeschiedenis. Als u net begint met kredietverlening, wilt u wellicht een creditcard openen of uzelf als geautoriseerde gebruiker toevoegen aan de account van iemand anders om uw kredietgeschiedenis bij te houden.

Krediet wordt niet op gelijke wijze gecreëerd. Selecteer kredietoplossingen die uw monetaire doelstellingen ondersteunen. Zorg ervoor dat de verplichting, als het een creditcard, schoollening of autolening betreft, goed kan worden beheerd.

Betalen op tijd, elke keer:
Uw betalingsgeschiedenis heeft een aanzienlijke invloed op uw kredietscore. Als u de rekeningen consequent op tijd indient, laat u zien dat u betrouwbaar en verantwoordelijk met uw geld omgaat. Om ervoor te zorgen dat u nooit een vervaldatum vergeet, kunt u terugkerende betalingen of herinneringen instellen.

Houd uw kredietgebruik in de gaten:
Probeer het saldo op uw creditcards op niet meer dan 30% van uw beschikbare tegoed te houden. Een hoog kredietgebruik kan een indicatie zijn van financiële stress en kan uw kredietscore verlagen. Een gezonde

verhouding kan worden gehandhaafd door de saldi consequent af te betalen.

Het hebben van een verscheidenheid aan kredietrekeningen, waaronder zowel leningen op afbetaling als creditcards, toont aan dat u in staat bent om uiteenlopende financiële verantwoordelijkheden te beheren. Vraag echter alleen krediet aan dat u goed kunt beheren en dat u nodig heeft.

Vermijd het openen van te veel nieuwe kredietrekeningen:

Als u snel te veel nieuwe kredietrekeningen opent, kan dit vragen oproepen over uw vermogen om uw financiën te beheren. Het aanvragen van een nieuw krediet is niet altijd nodig, omdat elke aanvraag een licht negatief effect op uw kredietscore kan hebben.

Controleer regelmatig uw kredietrapport van de belangrijkste kredietinformatiebureaus om waakzaam te blijven. Controleer de informatie op fouten, fraude of andere verdachte wijzigingen. Corrigeer eventuele inconsistenties onmiddellijk.

Conclusie:

Het opbouwen van een solide kredietbasis is een proces en geen doel. Houd er bij het volgen van deze weg rekening mee dat de beslissingen die u nu neemt een impact zullen hebben op uw financiële toekomst. Je legt de basis voor een toekomst die rijk is aan financiële opties en kansen door je bewust te zijn van de nuances van kredietscores. Je begrijpt de noodzaak van een solide kredietbasis omdat je een gevorderde lezer bent; het gaat niet alleen om de cijfers, maar ook om het potentieel dat ze bieden. Uw financiële projecten, of het nu gaat om de aankoop van een huis, het weer naar school gaan of het starten van uw eigen bedrijf, zullen stabieler zijn als ze worden ondersteund door een respectabele kredietgeschiedenis. Beslis verstandig, omarm dit pad met passie en observeer hoe uw inspanningen een kredietbasis opbouwen die uw doelen hooghoudt en uw financiële ambities ondersteunt.

Hoofdstuk 8:

Zakelijke creditcards en kredietlijnen verkennen

Het achtste hoofdstuk van onze uitgebreide gids over bedrijfsfinanciering is nu beschikbaar. In deze aflevering duiken we in de fascinerende wereld van bedrijfscreditcards en kredietverlengingen. Deze financieringsvormen kunnen een cruciale rol spelen bij het stimuleren van groei, het bieden van flexibiliteit en het vergroten van de financiële zekerheid van uw bedrijf. Het begrijpen van de subtiliteiten van alternatieven voor bedrijfsfinanciering kan een grote impact hebben op het succes van uw bedrijf, of u nu een ervaren ondernemer bent of net begint.

Zakelijke creditcards begrijpen: Voorbij het plastic
Zakelijke creditcards zijn meer dan alleen stukjes plastic in uw portemonnee; het zijn krachtige hulpmiddelen die een aanzienlijke impact kunnen hebben op de financiële activiteiten van uw bedrijf. In wezen bieden ze een doorlopend krediet waarmee u aankopen kunt doen, rekeningen kunt

betalen en uw dagelijkse uitgaven kunt beheren. Maar wat onderscheidt ze van persoonlijke creditcards? Het draait allemaal om de voordelen en voordelen die zijn afgestemd op de zakenwereld.

Stel je voor dat je de mogelijkheid hebt om bedrijfskosten met laserprecisie bij te houden. Zakelijke creditcards bieden vaak gedetailleerde onkostendeclaraties, waarin uitgaven worden gecategoriseerd en de boekhouding wordt vereenvoudigd. Dit bespaart niet alleen tijd, maar helpt u ook kostenbesparende mogelijkheden te identificeren en beter geïnformeerde financiële beslissingen te nemen. Bovendien hebben veel zakelijke creditcards beloningsprogramma's die zijn ontworpen om aan de eisen van bedrijven te voldoen, zoals kortingen op kantoorbenodigdheden, reisprikkels en kortingen op kosten die verband houden met het runnen van een bedrijf.

Het potentieel van kredietlijnen blootleggen

Kredietlijnen, een dynamische bron van contant geld voor bedrijven, zijn de volgende stap na creditcards. Een financiële instelling verstrekt uw bedrijf een kredietlijn, dit is een vast geldbedrag. De kredietlijn geeft u flexibiliteit, in tegenstelling tot een lening die in één keer wordt uitbetaald. Alleen over het bedrag dat u gebruikt, wordt rente in rekening gebracht bij het lenen tot de toegestane leenlimiet. Stel je voor dat jouw bedrijf een onverwachte kans krijgt om zich te ontwikkelen, maar dat je niet over de financiële middelen beschikt om die te benutten. Met een kredietrekening als waarborg kunt u van deze kansen profiteren zonder dat u zich zorgen hoeft te maken over het vinden van conventioneel geld. Het lijkt op het hebben van een vangnet van geld dat beschikbaar is om uw zakelijke doelstellingen te ondersteunen.

Kiezen tussen kredietkaarten en kredietlijnen: navigeren door het terrein

Terwijl u zich diep verdiept in het mondiale veld van bedrijfsfinanciering, komt u op een beslissingspunt: welke cursus is het beste voor uw bedrijf? Uw specifieke wensen en financiële doelstellingen staan centraal.

Het is het beste om zakelijke creditcards te gebruiken om de dagelijkse uitgaven te beheren en beloningen op te bouwen. Ze zijn ideaal voor het betalen van directe uitgaven en het opbouwen van een staat van dienst op het gebied van lenen voor uw bedrijf. Kredietlijnen blinken echter uit als het gaat om het beheersen van veranderingen in de cashflow, het omgaan met onvoorziene rekeningen of het financieren van kortetermijnprojecten.

Tips voor het creëren van een hoog kredietprofiel

Welke route u ook kiest, een sterke kredietgeschiedenis is noodzakelijk. Het dient als basis voor de beoordeling door kredietverstrekkers van de financiële stabiliteit van uw bedrijf. Kredietverstrekkers kunnen u gunstiger beoordelen als u een goede kredietgeschiedenis bijhoudt, uw schulden op de juiste manier afhandelt en betalingen doet aan uw verplichtingen. Dit kan vervolgens resulteren in gunstiger voorwaarden, grotere kredietlimieten en lagere rentetarieven.

Kosten en rentetarieven in de kleine lettertjes

Natuurlijk zijn er enkele beperkingen aan de aantrekkelijkheid van debetkaarten en kredietbedragen. Inzicht in de talrijke kosten die aan deze financiële instrumenten zijn verbonden, zoals jaarlijkse kosten, kosten voor late betaling en kosten voor voorschotten, is van essentieel belang. Bovendien kunnen de rentetarieven, afhankelijk van de kredietwaardigheid en de bank die u kiest, sterk variëren. Op de lange termijn kan het doen van de moeite om deze prijzen en vergoedingen te onderzoeken aanzienlijke besparingen opleveren.

Als gevolg,
U beschikt nu over de kennis die nodig is om beslissingen te nemen over zakelijke leningen en kredietfaciliteiten terwijl u dit hoofdstuk afsluit. Deze tools kunnen u helpen de financiële mogelijkheden te benutten die uw organisatie vooruit kunnen helpen, naast het minimaliseren van de kosten. Houd er rekening mee dat uw financiële keuzes nu van invloed zijn op de manier waarop uw bedrijf in de toekomst zal functioneren, of u nu een creditcard of een kredietlijn gebruikt. Probeer daarom de mogelijkheden van deze contante middelen voor uw bedrijfsactiviteiten te ontdekken en te realiseren.

Hoofdstuk 9:

Met krediet omgaan met kasstroomuitdagingen

Gegroet en welkom bij hoofdstuk 9 van ons uitgebreide onderzoek naar tactieken voor bedrijfsfinanciering. In dit deel verkennen we het dynamische gebied van het strategisch gebruiken van krediet om cashflowproblemen te beheersen. U bent hier aan het juiste adres als u een ervaren ondernemer bent en op zoek bent naar werkbare ideeën om uw bedrijf in uitdagende tijden overeind te houden. Elk bedrijf is afhankelijk van cashflow, dus het is van cruciaal belang om krediet als redder in nood te kunnen gebruiken wanneer dat nodig is.

Een alledaags probleem waarmee ondernemers worden geconfronteerd, is het cashflow-raadsel.

De fluctuerende beweging van geld van en naar de rekeningen van uw bedrijf staat bekend als cashflow en bepaalt de gezondheid van uw financiën.

Loonadministratie, operationele kosten en groeigerelateerde investeringen zijn er allemaal van afhankelijk. Zelfs bij de best geleide bedrijven doen zich echter cashflowproblemen voor. Stel u voor dat uw bedrijf snel groeit, maar dat uw klanten uw rekeningen langzaam betalen. Dit verschil tussen betalingen en kosten kan tot een risicovolle situatie leiden en de groei van uw bedrijf beperken.

De functie van krediet in de stroom van contant geldbeheer

Denk erover na om een verzekering af te sluiten die het verschil tussen uw dringende uitgaven en de uitgestelde betalingen dekt. Krediet is belangrijk in deze situatie. Door krediet als tactisch wapen te gebruiken, kunt u een gestage cashflow behouden tijdens die onvermijdelijke perioden van onevenwichtigheid. Het gebruik van krediet om een cashflowprobleem aan te pakken lijkt misschien paradoxaal, maar als het verstandig wordt gebruikt, kan het uw bedrijf de ademruimte geven die het nodig heeft om de storm te weerstaan.

Strategische oplossingen voor kortetermijnkredieten

Laten we eens kijken naar enkele nuttige strategieën om krediet te benutten wanneer we geconfronteerd worden met cashflowproblemen:

Zakelijke kredietlijnen:

Als het geld krap is, kunt u een bedrijfskredietlijn gebruiken als een soort financiële reddingslijn. Het is een vooraf bepaalde limiet op uw krediet die u naar behoefte kunt gebruiken, waarbij alleen rente wordt berekend over de som geld die u uitgeeft. Een bedrijfskredietlijn geeft u de vrijheid om uw cashflow te beheersen, of het nu gaat om het betalen van werknemers, het betalen van leveranciers of het benutten van een ontwikkelingsmogelijkheid.

Overweeg factuurfinanciering als achterstallige facturen uw cashflow verstikken. Deze nieuwe strategie is om een kredietverstrekker een lagere prijs te bieden voor uw onbetaalde facturen. In ruil daarvoor krijg je een snelle infusie van geld waarmee je kunt blijven rennen zonder dat je het wachtspel hoeft te spelen.

Het voorschot in contanten van een handelaar kan een goede keuze zijn als een aanzienlijk deel van uw omzet afkomstig is uit creditcardverkopen. U krijgt vooraf een vast bedrag in ruil voor een deel van de toekomstige creditcardtransacties in deze overeenkomst. Het is een snelle methode om geld in uw bedrijf te injecteren, met terugbetalingen die passen bij uw cashflow.

Duurzame kredietstrategieën voor de lange termijn

Hoewel financiële oplossingen voor de korte termijn meteen troost bieden, zijn langetermijnplannen noodzakelijk om toekomstige cashflowproblemen te voorkomen:

Vroegtijdige instelling van een kredietlijn:

Zelfs als u momenteel geen problemen heeft met de cashflow, is het verstandig om vroeg te beginnen met het plannen van een bedrijfskredietlijn. Bedrijven met een trackrecord op het gebied van voorzichtige kredietverlening en terugbetaling zullen veel vaker krediet ontvangen van kredietverstrekkers.

Cashflowprognose: Nauwkeurige prognoses zijn essentieel voor proactief cashflowbeheer. U kunt tijden van cashflowdruk voorzien en van tevoren uw leningkeuzes plannen door eerdere gegevens te bestuderen en rekening te houden met toekomstige patronen.

Het ontwikkelen van betrouwbare leveranciersrelaties: Omgaan met cashflowproblemen vereist vaak onderhandelen. U zult wellicht ontdekken dat uw leveranciers eerder bereid zijn gunstige kredietvoorwaarden te bieden als u uitstekende relaties met hen opbouwt en transparant tegenover hen bent over uw financiële status.

De Evenwichtswet: slim gebruik van krediet

Hoewel krediet een sterk instrument kan zijn, is het belangrijk om het evenwicht te bewaren. Overmatig gebruik van krediet kan leiden tot stijgende schulden en meer financiële stress. Het is essentieel om krediet strategisch te gebruiken in plaats van als een ondersteunend systeem. U kunt uw cashflow en uw financiële stabiliteit onder controle houden door uw financiën regelmatig te analyseren, de rentetarieven in de gaten te houden en uw krediet onmiddellijk terug te betalen.

De kunst van op krediet gebaseerd cashflowbeheer begrijpen

Houd er ter afsluiting rekening mee dat het omgaan met cashflowproblemen een normaal aspect is van het runnen van een bedrijf. Succesvolle ondernemers onderscheiden zich door hun vermogen tot innovatie, aanpassing en verstandige exploitatie van hulpbronnen. Als u het verstandig gebruikt, kan krediet uw bondgenoot zijn als u door de woelige wateren van fluctuerende financiële stromen navigeert. U kunt ervoor zorgen dat uw organisatie niet alleen blijft bestaan, maar ook groeit tijdens financiële tegenslagen door kortetermijnoplossingen te omarmen en langetermijndoelen te implementeren. Ga dus gerust verder, wetende dat u over de vaardigheden beschikt die nodig zijn om als een ervaren financiële virtuoos met de geldstroom om te gaan.

De kunst van op krediet gebaseerd cashflowbeheer begrijpen

Tot slot moeten we er rekening mee houden dat het omgaan met cashflowproblemen een normaal aspect is van het runnen van een bedrijf. Succesvolle ondernemers onderscheiden zich door hun vermogen tot innovatie, aanpassing en verstandige exploitatie van hulpbronnen. Als u het verstandig gebruikt, kan krediet uw bondgenoot zijn als u door de woelige wateren van fluctuerende financiële stromen navigeert. U kunt ervoor zorgen dat uw organisatie niet alleen blijft bestaan, maar ook groeit tijdens financiële tegenslagen door kortetermijnoplossingen te omarmen en langetermijndoelen te implementeren. Ga dus gerust verder, wetende dat u over de vaardigheden beschikt die nodig zijn om als een ervaren financiële virtuoos met de geldstroom om te gaan.

Hoofdstuk 10:
Bescherm uw bedrijfskrediet tegen fraude

Welkom bij een cruciaal debat over het beschermen van de kredietwaardigheid van uw bedrijf tegen de snode bedreigingen van fraude, een debat waar elke ervaren ondernemer aandacht aan zou moeten besteden. Het belang van het beschermen van de kredietwaardigheid van uw bedrijf kan niet duidelijker zijn dan in dit tijdperk van technologische innovatie, waarin informatie direct beschikbaar is en transacties met één druk op de knop kunnen worden voltooid. In dit diepgaande onderzoek duiken we in de subtiliteiten van bedrijfskredietfraude, leggen we typische fraudeprogramma's bloot en voorzien we u van de allernieuwste tactieken om uw kredietverdediging te versterken.

Zakelijke kredietfraude: een bedreiging

Neem een situatie waarin de kredietwaardigheid van uw bedrijf in gevaar is. De grimmige realiteit van ongeautoriseerde transacties, gestolen geld en onherroepelijke schade aan uw kredietprofiel doet zich voor. Frauduleuze zakelijke kredietpraktijken hebben de macht om uw zuurverdiende financiële stabiliteit te ondermijnen. Fraudeurs zijn hardnekkig en gebruiken voortdurend ontwikkelende strategieën om zwakke plekken in uw financiële beveiliging op te sporen. De manieren waarop ze kunnen binnendringen zijn talrijk en gevarieerd, variërend van datalekken tot identiteitsdiefstal.

De technieken kennen: hoe fraudeurs werken

Als u de kredietwaardigheid van uw bedrijf effectief wilt veiligstellen, is het van cruciaal belang dat u de strategieën van fraudeurs begrijpt. Uw vermogen om mogelijke gevaren te identificeren en preventieve maatregelen te nemen wordt versterkt door deze kennis:

Phishing-aanvallen:
Om gevoelige informatie van u te verkrijgen, sturen fraudeurs vaak overtuigende e-mails die afkomstig lijken te zijn van respectabele organisaties. Deze phishing-e-mails kunnen schadelijke bijlagen of links bevatten waarmee hackers, wanneer erop wordt geklikt, toegang kunnen krijgen tot uw privégegevens.

Accountovernames:

Door uw inloggegevens te stelen kunnen cybercriminelen de accounts van uw bedrijf overnemen. Dit geeft hen de mogelijkheid om uw banktransacties te saboteren, geld te stelen en onomkeerbare schade aan te richten.

Fraudeurs kunnen zich voordoen als klanten, leveranciers of zelfs werknemers om wijzigingen in financiële transacties aan te vragen. Een kleine wijziging in de rekeninggegevens kan ertoe leiden dat geld in verkeerde handen terechtkomt.

Datalekken:

Alleen de meest geavanceerde veiligheidsmaatregelen kunnen worden doorbroken, waardoor vertrouwelijke bedrijfsgegevens kunnen lekken. Vervolgens kunnen deze gegevens worden gebruikt om frauduleuze handelingen te plannen.

Moderne technieken voor zakelijke kredietbescherming

Hier volgen de allernieuwste tactieken die kunnen dienen als versterking tegen potentiële gevaren terwijl u op pad gaat om uw zakelijke krediet te beschermen:

Voorlichting en bewustwording van medewerkers: Uw eerste verdedigingslinie zijn uw medewerkers. Creëer een omgeving van kennis op het gebied van cyberbeveiliging, promoot het gebruik van veilige wachtwoorden en leer hen hoe ze phishing-inspanningen kunnen opmerken.

Voor alle bankrekeningen moet meervoudige authenticatie worden gebruikt. Door gebruikers te dwingen verschillende vormen van identificatie in te dienen voordat ze toegang krijgen, biedt dit een extra beschermingslaag.

Regelmatige accountmonitoring:
De sleutel is om waakzaam te zijn. Controleer uw zakelijke rekeningen regelmatig op krediet- en financiële transacties op ongewoon gedrag. Potentiële schade kan worden geminimaliseerd door snelle detectie.

Beveiligde netwerken en versleuteling: versleutel gevoelige gegevens en zorg ervoor dat de netwerken van uw bedrijf veilig zijn. Door dit te doen, is er minder kans op datalekken en ongeautoriseerde toegang.

Leveranciersverificatie: neem altijd contact op met de aanbieders via de gebruikelijke contactmiddelen voordat u wijzigingen aanbrengt in de betalingsgegevens. Het wordt afgeraden om alleen op e-mailinstructies te vertrouwen.

Overweeg om geavanceerde software voor fraudedetectie aan te schaffen. Machine learning-algoritmen worden door deze technologieën gebruikt om afwijkend gedrag en patronen te vinden die op fraude kunnen wijzen.

Het ontwikkelen van een crisisresponsstrategie

De sleutel is voorbereiding. Het hebben van een goed gedefinieerd noodactieplan kan helpen de schade te beperken en het herstel te bespoedigen in het ongelukkige geval van een inbreuk. Uw strategie moet het volgende omvatten:

Stappen die u meteen moet nemen: Maak een lijst van de stappen die u meteen moet nemen, zoals het bevriezen van gecompromitteerde rekeningen, het waarschuwen van financiële instellingen en het starten van een intern onderzoek.

Plan uw aanpak voor de communicatie over de inbreuk met belanghebbenden, personeelsleden, klanten en leveranciers. Transparante communicatie bevordert het vertrouwen en kan de reputatieschade verminderen.

Naleving van wet- en regelgeving:
Maak kennis met de belangrijkste wettelijke en overheidsvoorschriften met betrekking tot datalekken. Compliance garandeert dat u op de juiste manier op de kwestie reageert.

Herstelmaatregelen:
Beschrijf de stappen die u gaat nemen om te herstellen van de inbreuk, zoals het verbeteren van de cyberbeveiliging, het trainen van medewerkers en het nemen van voorzorgsmaatregelen tegen herhaling.

Terwijl we deze belangrijke discussie over het beschermen van uw bedrijfskrediet tegen diefstal afronden, moet u er rekening mee houden dat preventie in de financiële wereld altijd de voorkeur verdient boven mitigatie. U kunt de kredietwaardigheid van uw bedrijf beschermen tegen de voortdurende risico's van fraude door op de hoogte te blijven, geavanceerde methoden te gebruiken en een sterke reactiestrategie te ontwikkelen. Het krediet van uw bedrijf is een bezit dat met zorg moet worden beschermd en beheerd. Met de kennis die u hiervan heeft ontvangen, kunt u met vertrouwen verder gaan, wetende dat u bereid bent uw economische gezondheid te beschermen als er zich moeilijkheden voordoen.

Hoofdstuk 11:
Optiek voor zakelijk krediet en financiering

Groei is niet alleen een optie in de snelle zakenwereld; het is een vereiste. Of u nu een groeiende startup, een middelgroot bedrijf of een gevestigd bedrijf leidt, uw voortdurende doel moet zijn om te groeien. De wereld van bedrijfskredieten en financieringskeuzes, die een schat aan kansen biedt voor mensen die groot durven dromen, is essentieel voor dit streven. In dit onderzoek gaan we diep in op de nuances van zakelijk krediet en financiering, waarbij we het brede scala aan beschikbare mogelijkheden blootleggen en u kennis geven waarmee u verstandige keuzes kunt maken op uw groeitraject.

De basis: het herkennen van zakelijk krediet

Beschouw het krediet van uw bedrijf als de basis van zijn financiële identiteit. Een zakelijke kredietscore is, net als een individuele kredietscore, een indicatie van hoe financieel verantwoordelijk uw organisatie is. Deze beoordeling wordt gebruikt door partners, leveranciers en kredietverstrekkers om te bepalen hoe riskant het is om zaken met u te doen. Het opbouwen van een solide bedrijfskredietprofiel verhoogt uw betrouwbaarheid en opent meer financieringsmogelijkheden voor u. Een sterk kredietrecord kan vensters openen naar betere rentetarieven en voordeligere voorwaarden bij zowel traditionele banken als bij hedendaagse ophaalplatforms.

Verder gaan dan de traditie: alternatieven voor financiering

De moderne omgeving biedt een kleurrijk scala aan keuzes, ook al blijven conventionele bankleningen een steunpilaar in de bedrijfsfinanciering. Peer-to-peer-leningen, crowdsourcing en durfkapitalisten hebben het financiële landschap veranderd en nieuwe kansen geopend voor zowel nieuwe als gevestigde bedrijven. U kunt leningen verkrijgen van particuliere investeerders via peer-to-peer-leningen, en via crowdfunding kunt u toegang krijgen tot een grote groep supporters van uw project. Integendeel, durfkapitaal werft strategische investeerders in ruil voor eigendom en helpt bedrijven met een hoog potentieel nieuwe hoogten te bereiken.

De Finetech-revolutie en het effect ervan

De ontwikkeling van fijne technologie heeft de wereld van bedrijfskredieten en financiering een energieniveau gegeven dat nog nooit eerder is gezien. Fijne technologie heeft de manier waarop bedrijven kapitaal verwerven en hun financiën beheren volledig veranderd, van algoritmegestuurde platforms voor kredietverlening tot digitale portemonnees die wrijvingsloze transacties mogelijk maken. Naast het stroomlijnen van de procedures heeft de samensmelting van financiën en technologie het voor kleinere bedrijven mogelijk gemaakt effectiever te opereren in de kredietsector. De nieuwe standaard omvat nu realtime data-analyse, geautomatiseerde goedkeuringen en configureerbare financiële oplossingen.

De Finetech-revolutie en het effect ervan

De ontwikkeling van fijne technologie heeft de wereld van bedrijfskredieten en financiering een ongekend energieniveau gegeven. Fijne technologie heeft de manier waarop bedrijven kapitaal verwerven en hun financiën beheren volledig veranderd, van algoritmegestuurde platforms voor kredietverlening tot digitale portemonnees die wrijvingsloze transacties mogelijk maken. Naast het stroomlijnen van de procedures heeft de samensmelting van financiën en technologie het voor kleinere bedrijven mogelijk gemaakt effectiever te opereren in de kredietsector. De nieuwe standaard omvat nu realtime data-analyse, automatische goedkeuringen en configureerbare financiële oplossingen.

Een verhaal van voorzichtigheid: risico's en schulden beheren

Hoewel het ontwikkelingspotentieel aantrekkelijk kan zijn, is het belangrijk om voorzichtig te werk te gaan bij het aangaan van schulden. Een verstandige strategie voor schuldenbeheer houdt in dat u bepaalt in hoeverre u in staat bent leningen terug te betalen, dat u het effect op de geldstroom begrijpt en dat u anticipeert op waarschijnlijke moeilijkheden. Hoewel leningen een nuttig instrument kunnen zijn, brengen ze ook de last van de terugbetaling met zich mee. Uw bedrijf kan worden beschermd tegen onvoorziene schokken door overmatige schuldenlast te vermijden en een aanvaardbare verhouding tussen eigen vermogen en schulden te behouden.

De conclusie van Empowering Your Growth Odyssey

Kennis is uw krachtigste wapen in de altijd veranderende wereld van kredietverlening aan bedrijven en financieringskeuzes. U kunt aan een groeireis beginnen die niet alleen spannend maar ook duurzaam is door de complexiteit van kredietbeoordelingen te begrijpen, nieuwe financieringsopties te omarmen, de kracht van financiële technologie te benutten, tactieken op één lijn te brengen met doelstellingen en een conservatieve maar vooruitstrevende strategie te volgen. Houd er rekening mee dat elke keuze die u nu maakt van invloed zal zijn op de richting die uw bedrijf in de toekomst zal inslaan terwijl u zich op dit uitdagende terrein begeeft. Bewapen jezelf dus met kennis, profiteer van de mogelijkheden en sta jezelf toe om nog groter te dromen dan je in het verleden deed. Het volgende hoofdstuk van uw bedrijf wacht op u om het te schrijven.

Hoofdstuk 12:
De kunst van het lenen: slim kredietgebruik

Lenen is een essentiële draad in het complexe web van persoonlijke financiën. Het verstandige gebruik van krediet kan het verschil maken, of het nu gaat om de financiering van de opleiding van uw kind, de aankoop van uw droomhuis of het starten van uw eigen bedrijf. Dit onderzoek dringt door tot de ziel van het onderwerp en onthult de subtiliteiten van verstandig kredietgebruik, waardoor lenen van een routinematige transactie tot een kunst kan worden verheven. Dus doe uw gordel om terwijl we door het doolhof van lenen reizen, de geheimen ervan onthullen en u bewapenen met de nuttige kennis die uw financiële toekomst kan beïnvloeden.

Een overzicht van kredietscores

Denk eens aan de kredietscore die u heeft als dirigent van het symfonieorkest, die het soepele samenspel van de financiële instrumenten orkestreert. Deze driecijferige score, die is gebaseerd op uw kredietgeschiedenis, geeft inzicht in uw bestedingspatroon. Bij het bepalen van uw kredietwaardigheid en het vaststellen van de voorwaarden van uw leningen, onderzoeken kredietverstrekkers deze zorgvuldig. Net als het genereren van aangename muziek, maakt het behouden van een ongekend hoge kredietscore het mogelijk om geld te lenen tegen lagere rentetarieven. Belangrijke punten in deze symfonie zijn onder meer het regelmatig controleren van uw kredietrapport op onnauwkeurigheden en het oefenen van tijdige betalingen.

Het kleurenpalet begrijpen: kredietformulieren

Slimme leners zijn zich bewust van de waarde van een verscheidenheid aan krediettypen, net zoals een competente kunstenaar een breed scala aan kleuren gebruikt om een meesterwerk te creëren. Terwijl kredieten op afbetaling, zoals hypotheken en autoleningen, structuur bieden, biedt doorlopend krediet, net als creditcards, flexibiliteit. Door deze twee te combineren, kunt u uw kredietmix verbeteren en uw vermogen aantonen om aan verschillende financiële verplichtingen te voldoen. Uw credit score wordt hierdoor positief beïnvloed, waardoor uw aantrekkingskracht op kredietverstrekkers als kredietnemer toeneemt.

De elementen van verantwoord lenen

Verantwoord lenen geeft vorm aan uw financiële landschap, net zoals de penseelstreken van een schilder dat doen op een doek. Voer een uitgebreide zelfevaluatie uit voordat u een lening afsluit. Welke functie vervult de lening? Kunt u het gemakkelijk terugbetalen zonder uw financiën in de problemen te brengen? Het is belangrijk om uw terugbetalingsstrategie vroeg in het leenproces te plannen, rekening houdend met de rentevoet en andere daarmee samenhangende kosten. Door de juiste balans te vinden tussen uw wensen en uw financiële mogelijkheden voorkomt u dat onnodige stress afbreuk doet aan uw creatie.

De veranderende rentedans

Rentetarieven bepalen het tempo en de kracht van uw financiële manoeuvres. Zij zijn uw partnerpartners bij het lenen. Het rentetarief dat u wordt aangeboden, hangt af van de kredietwaardigheid van de kredietnemer, de staat van de economie en het type lening dat u aanvraagt. De meest voordelige rentetarieven worden doelbewust opgezocht door een slimme kredietnemer, die aanbiedingen van verschillende kredietverstrekkers vergelijkt. In de loop van een lening kan een kleine verandering in de rentevoet de lener veel geld besparen. Als u deze complexe tango van rentetarieven goed leert dansen, kunt u dus veel geld besparen.

Elk ambacht heeft zijn verfijnde nuances, en het complexe web van schuldenbeheer is er één in de kredietwereld. Het begrijpen van het onderscheid tussen goede schulden (zoals hypotheken of studieleningen) en slechte schulden (zoals leningen met een hoge rente) is een noodzakelijk onderdeel van vakkundig schuldenbeheer. Door rekeningen met een hoge rente eerst terug te betalen en naar oplossingen voor schuldconsolidatie te kijken, kunnen de problemen worden vereenvoudigd en geld worden vrijgemaakt voor uw financiële meesterwerken.

De grote: een financiële erfenis achterlaten

Uw leenstrategie culmineert in de creatie van uw financiële erfenis, net zoals de laatste streken een schilderij afmaken. Elke kredietkeuze en lening is verweven met het algemene verhaal van uw financiële situatie. Maak er een tijd van voor voorzichtigheid, wijsheid en empowerment. Beschouw uw financiële toekomst in zijn geheel, in plaats van alleen uw directe behoeften, wanneer u op een kruispunt van kansen en opties staat. Uw beslissingen van vandaag zijn van invloed op hoe uw financiële toekomst zal klinken en weerklinken door de generaties heen.

Conclusie: jij bent Journey, jouw meesterwerk

Lenen in de context van persoonlijke financiën is meer dan alleen een transactie. Het ontwikkelt zich tot een soort kunst die wijsheid, behendigheid en een brede blik vereist. Met dezelfde vaardigheid en intentie die kunstenaars gebruiken om hun meesterwerken te creëren, kunt u uw financiële toekomst beheersen door verstandig gebruik te maken van krediet. Elke kredietkeuze is een streep op het schilderij dat uw financiële leven is. Benader lenen dus met dezelfde creativiteit, hetzelfde doel en dezelfde toewijding om een kunstwerk te produceren dat standhoudt zoals een kunstenaar zijn canvas zou doen. Houd er rekening mee dat terwijl u zich op dit pad begeeft, de toekomst van uw geld het canvas is en dat u de schilder bent.

Hoofdstuk 13:
Het handhaven van gezonde zakelijke kredietgewoonten

De financiële fundamenten van uw bedrijf koesteren: de kunst van het handhaven van gezonde kredietgewoonten
Krediet is een vaste hoeksteen in de hectische zakenwereld, waar plannen worden ontwikkeld en doelstellingen worden nagestreefd. Het handhaven van sterke bedrijfskredietgewoonten legt de weg uit voor het aanhoudende succes en de lange levensduur van uw onderneming, net zoals het leiden van een gezonde levensstijl een langere levensduur bevordert. In dit onderzoek zijn we op zoek gegaan naar inzicht in de nuances van het bevorderen en behouden van gezonde kredietgewoonten, waardoor u kennis krijgt die het potentieel en de veerkracht van de financiën van uw bedrijf kan verbeteren.

Zakelijk krediet begrijpen: het zaadje van bewustzijn planten

Beschouw bedrijfskredieten als de basis waarop uw hele financiële systeem is gebouwd. Het is niet alleen belangrijk om geld te lenen, maar ook om een betrouwbare en betrouwbare reputatie op te bouwen. De kredietscore van uw bedrijf wordt gebruikt door kredietverstrekkers, leveranciers en zakenpartners om uw kredietwaardigheid te bepalen. Uw betalingsgeschiedenis, onbetaalde schulden en andere financiële acties worden weerspiegeld in uw score. Door u grondig bewust te zijn van deze omgeving, bevordert u de financiële gezondheid van uw bedrijf en plant u niet alleen maar een zaadje.

Tijdig betalen: het Water van Regelmaat

Op dezelfde manier waarop stipte betalingen uw zakelijke krediet verbeteren, voedt elke druppel water een plant. Stipte betalingen tonen uw toewijding en verantwoordelijkheid aan. Een staat van dienst op het gebied van het consequent nakomen van financiële verplichtingen (of het nu gaat om het betalen van rekeningen of het terugbetalen van leningen) geeft een positieve indruk van de betrouwbaarheid van uw bedrijf. Kredietverstrekkers die rekening houden met u voor toekomstige kredietkansen, houden rekening met het feit dat elke tijdige betaling een bewijs is van uw vermogen om aan uw financiële verplichtingen te voldoen.

Het licht van benutting: slim kredietbeheer

Net zoals planten zonlicht nodig hebben om te kunnen bloeien, hebben bedrijven ook leningen nodig om te kunnen slagen. Overmatig kredietverbruik kan uw bedrijf echter schaden, net zoals veel zon kan verschroeien. De sleutel is het vinden van een bevredigend evenwicht tussen het gebruikte krediet en het beschikbare krediet. Gebruiksratio's, die berekenen hoeveel van uw krediet wordt gebruikt in vergelijking met uw kredietlimiet, onthullen uw financiële verantwoordelijkheid. Het handhaven van lage niveaus van deze ratio's getuigt van competent kredietbeheer, wat het vertrouwen van kredietverstrekkers bevordert en de kredietwaardigheid van uw bedrijf verhoogt.

De mix van krediettypen: de diversificatiemeststof

Net zoals een goed onderhouden tuin een verscheidenheid aan flora laat zien, toont een sterke kredietgeschiedenis een breed scala aan kredietproducten. Een combinatie van afbetalings- en doorlopend krediet, zoals creditcards en leningen, toont aan dat u in staat bent om met verschillende financiële verantwoordelijkheden om te gaan. Kredietverstrekkers waarderen deze diversiteit omdat deze blijk geeft van flexibiliteit en uitgebreide kennis van de kredietdynamiek. Een verscheidenheid aan kredietvormen kan uw bedrijfskredietstrategie aanvullen, net zoals verschillende fabrieken naast elkaar kunnen bestaan.

Toezicht op snoeien: regelmatige kredietcontroles

Net zoals tuinen regelmatig moeten worden gesnoeid, geldt dat ook voor uw bedrijfskrediet. Door regelmatig de kredietgeschiedenis van uw bedrijf te bekijken, kunt u eventuele fouten, inconsistenties of zelfs fraude ontdekken. De waarheidsgetrouwheid van uw financiële profiel wordt gewaarborgd door problemen snel aan te pakken. Bovendien geeft waakzaamheid u controle over het verantwoordingsverhaal van uw bedrijf, zodat u er zeker van kunt zijn dat het waarheidsgetrouw is en nauwkeurig uw kredietpraktijken weerspiegelt.

Het pantser van voorzichtigheid: schuldenbeheersing

Een verstandig schuldenbeheer beschermt uw bedrijf tegen onnodige financiële turbulentie, zoals een boom die stormen beschermt. Hoewel krediet een nuttig instrument kan zijn, is het belangrijk om op een verantwoorde manier te lenen. Het idee is om bescheiden schulden aan te gaan die verenigbaar zijn met de expansiedoelstellingen en het cashflowpotentieel van uw bedrijf. Overschrijding kan leiden tot financiële problemen, wat uw krediet kan schaden. Uw beschermende schild wordt versterkt als u het vermogen ontwikkelt om leningen comfortabel terug te betalen en indien nodig financieel advies in te winnen.

De voordelen van standvastigheid: een langetermijnvisie

Net zoals het aanhouden van goede kredietgewoonten voordelen op de lange termijn oplevert, biedt een goed onderhouden tuin een rijke oogst. Uw bedrijf is beter gepositioneerd voor groei op de lange termijn als u zich richt op continuïteit in plaats van op tijdelijke voordelen. Consistent kredietgedrag en verstandige leenkeuzes zorgen voor een reputatie die weerklank vindt in de hele commerciële sector. U legt de basis voor een welvarende financiële toekomst door te begrijpen dat het ontwikkelen van goede kredietgewoonten eerder een reis dan een bestemming is.

Conclusie: de financiële tuin van uw bedrijf

Gezonde kredietpraktijken zijn de gaten voor de draden die verweven zijn in de structuur van succes in de verwevenheid van bedrijfsactiviteiten. Door verantwoorde kredietgewoonten te begrijpen, in de praktijk te brengen en in stand te houden, kunt u de financiële gezondheid van uw organisatie bevorderen, net zoals een toegewijde tuinman elke plant met zorg verzorgt. Deze zoektocht vereist focus, regelmaat en een langetermijnvisie. Met elke verstandige financiële keuze onderhoudt u de tuin van de kredietwaardigheid van uw bedrijf en zorgt u ervoor dat deze uitgroeit tot een symbool van betrouwbaarheid, expansie en kracht. Houd er rekening mee dat de kredietstatus die u heeft een indicatie is van uw toewijding aan het creëren van een succesvol en duurzaam bedrijf terwijl u omgaat met de steeds veranderende zakelijke markt.

Hoofdstuk 14:
De invloed van zakelijk krediet op partnerschappen

De onzichtbare draad:

Hoe zakelijk krediet het weefsel van partnerschappen weeft

Partnerschappen zijn de banden die projecten, concepten en ambities samenbinden in de enorme commerciële wereld. Onder de uiterlijke schijn van de samenwerking schuilt echter een verborgen kracht, bekend als zakelijk krediet, die de macht heeft om deze allianties op te bouwen of te verzwakken. Dit onderzoek graaft in het complexe web van hoe bedrijfskredieten partnerschappen beïnvloeden en onthult de significante manieren waarop kredietscores de dynamiek, het potentieel en het succes van coöperatieve ondernemingen kunnen beïnvloeden.

De inleiding: zakelijk krediet herkennen

Beschouw krediet voor het bedrijfsleven als de ouverture van de symfonie, die de sfeer bepaalt en de verwachting wekt voor de muziek die zal volgen. Een zakelijke kredietscore geeft de financiële verantwoordelijkheid van een organisatie aan, net zoals een muziekpartituur het genie van de artiest vertegenwoordigt. Potentiële partners zijn geïnteresseerd in dit driecijferige getal, dat de kredietscore van het bedrijf, het betalingsgedrag en het economische gedrag weerspiegelt. Het dient als een stille presentatie die nieuwe medewerkers kan verleiden of afschrikken door betrouwbaarheid, integriteit en het vermogen om financiële verplichtingen na te komen aan te duiden.

Vertrouwen in harmonie: geloofwaardigheid creëren

Vertrouwen is de levensader van partnerschappen, en de basis van dat vertrouwen is bedrijfskrediet. Bedrijven die willen samenwerken beoordelen elkaars geloofwaardigheid. Een hoge bedrijfskredietscore is vergelijkbaar met een melodieus akkoord dat resoneert met integriteit. Een partner met een geschiedenis van uitstekende kredietwaardigheid is eerder geneigd om vertrouwen te wekken, omdat hun staat van dienst spreekt van hun toewijding aan moreel gedrag en verantwoord geldbeheer. Deze basis van vertrouwen wordt de hoeksteen waarop vruchtbare allianties worden gebouwd.

De symfonie van kansen: gezamenlijke ontwikkeling

Zakelijke samenwerkingen proberen vaak te profiteren van gedeelde doelstellingen, kennis en middelen. In dit geval heeft krediet ook invloed op de kansen. Samenwerkingen kunnen kapitaal verkrijgen tegen concurrerende tarieven dankzij voordelige leningsvoorwaarden die mogelijk worden gemaakt door een uitstekende kredietgeschiedenis. Toegang tot krediet kan de groei en creativiteit binnen partnerschappen versnellen, waardoor gedeelde ambities naar nieuwe hoogten worden getild, of het nu gaat om het starten van een joint venture, het uitbreiden van activiteiten of het nastreven van innovatie.

De dans van risico: partnerschappen voor risicobeperking

Partnerschappen vereisen een rigoureuze voorbereiding en risicobeheer, net zoals een dans nauwkeurige choreografie vereist. In deze context is bedrijfskrediet van cruciaal belang. Het is van cruciaal belang om de kredietwaardigheid van potentiële partners te beoordelen voordat u een partnerschap aangaat. Een slechte kredietgeschiedenis kan duiden op een grotere kans op wanbetalingen of financiële instabiliteit bij een echtgenoot. Aan de andere kant wekt een partner met een goede kredietgeschiedenis vertrouwen in zijn vermogen om zijn woord te houden, waardoor de risico's worden verminderd die anders het succes van het partnerschap zouden kunnen ondermijnen.

Het onderhandelingscanvas: aandelen en hefboomwerking

Onderhandelingen zijn een veelvoorkomend onderdeel van partnerschappen, omdat partijen proberen beloningen en bijdragen in evenwicht te brengen. Ondanks dat het onzichtbaar is, kan zakelijk krediet van groot belang zijn bij deze onderhandelingen. Bij het zoeken naar financiering kan een partner met een goede kredietscore toegang krijgen tot gunstiger voorwaarden, waardoor hij of zij een sterkere onderhandelingspositie krijgt. Bovendien kan, wanneer de aandelenstructuren worden aangepakt, de staat van de financiën van elke partner van invloed zijn op de manier waarop waardevolle bijdragen worden gezien, wat van invloed kan zijn op de manier waarop eigendom en invloed worden verdeeld.

De evolutie van het partnerschap: aanpassing aan verandering

Composities en partnerschappen veranderen beide door de tijd heen. Het vermogen van het partnerschap om op veranderingen te reageren wordt beïnvloed door bedrijfskredieten. Er ontstaan nieuwe kansen en moeilijkheden naarmate bedrijven groter worden. Partners kunnen mogelijk profiteren van onvoorziene kansen of onvoorziene tegenslagen vermijden met behulp van krediet. Als er onzekerheid is, fungeert een solide kredietgeschiedenis als buffer en zorgt ervoor dat de economische zekerheid behouden blijft. Deze flexibiliteit maakt partnerschappen sterker, omdat het hen in staat stelt uitdagingen het hoofd te bieden en te profiteren van nieuwe trends.

Het Crescendo: gezamenlijke prestatie en erfenis

Het crescendo in de enorme symfonie van relaties staat voor wederzijdse welvaart en een blijvende erfenis. In dit geval is een slecht zakelijk krediet onomkeerbaar. Partnerschappen die slagen en gedeelde doelstellingen verwezenlijken, worden onderdeel van de erfenis van een bedrijf. De effecten van krediet blijven bestaan, zelfs nadat het partnerschap niet meer actief is. Een succesvol partnerschap vergroot de leencapaciteit van zijn leden, omdat het hun geschiktheid aantoont om joint ventures op de juiste manier te beheren. Potentiële medewerkers en partners worden beïnvloed door deze erfenis, die een blijvend effect zal hebben op volgende samenwerkingsprojecten.

Gezamenlijke prestatie en erfenis: het Crescendo

Het relatiecrescendo symboliseert gedeelde rijkdom en een erfenis in de brede symfonie van relaties. In dit geval kan een slecht zakelijk krediet niet worden gerepareerd. Succesvolle samenwerkingen die gemeenschappelijke doelen bereiken, worden het erfgoed van een bedrijf. Zelfs nadat een partnerschap niet meer actief is, blijven de gevolgen van krediet voortduren. Een succesvol partnerschap vergroot de leencapaciteit van een lid omdat het aangeeft dat hij of zij in staat is om joint ventures succesvol te runnen. Deze erfenis heeft impact op potentiële partners en samenwerkingspartners, en zal een impact blijven hebben op toekomstige joint ventures.

Hoofdstuk 15:
Uw zakelijke kredietstrategie verfijnen

Elk hoofdstuk fungeert als een fundamenteel onderdeel van het grote tapijt van het bedrijfsleven en draagt bij aan het verhaal van ontwikkeling, veerkracht en succes. Hoofdstuk 15, 'Uw zakelijke kredietstrategie verfijnen', neemt ons mee naar het hart van een reis die nauwgezet is gepland terwijl we doorgaan met het begrijpen ervan. Dit hoofdstuk vertegenwoordigt een belangrijk keerpunt, een kans om de kredietscore van uw bedrijfsbeleid te verbeteren en naar nieuwe hoogten te tillen, in plaats van alleen maar een nieuwe in het boek te zijn. Laten we dit hoofdstuk dus samen beginnen en ons verdiepen in de genuanceerde kunst van het perfectioneren van uw zakelijke kredietstrategie en het transformerende potentieel ervan ontdekken.

De Prelude: een voortgangsrapport

Zoals bij elk cruciaal hoofdstuk moet u beginnen met het inventariseren van uw voorgaande stappen. Hoofdstuk 15 biedt je de kans om stil te staan, na te denken en de prestaties die je hebt bereikt te beoordelen. Welke doelstellingen heb je jezelf in de voorgaande hoofdstukken gesteld? Hoe ver bent u met het opbouwen van een sterke kredietbasis? Het erkennen van je prestaties moedigt je aan om vooruit te blijven gaan en naar nog hogere doelen te streven.

Een dieper begrip van zakelijk krediet: de melodie begrijpen

Dit hoofdstuk concentreert zich op het verkennen van de subtiliteiten van bedrijfskredieten, in plaats van alleen maar de fundamentele zaken nog eens te bespreken. Beschouw het als een gespecialiseerde masterclass waarin je de nuances bestudeert die je eerder zijn ontgaan. De diepgaande informatie die in dit hoofdstuk wordt gegeven, omvat onder meer dat u weet hoe de modellen voor kredietscore werken, dat u de variabelen begrijpt die van invloed zijn op de score die u ontvangt, en dat u de effecten van verschillende soorten krediet op uw profiel begrijpt.

Het kredietgebruik optimaliseren: de symfonie afronden

Beschouw het gezelschap dat u runt als een harmonieuze symfonie van verschillende instrumenten. In hoofdstuk 15 polijst je het kunstwerk tot in de perfectie. Het kredietgebruik, of het percentage van het krediet dat wordt gebruikt ten opzichte van het beschikbare krediet, is een belangrijke factor. Het leren kennen van de fijne kneepjes van ratio-optimalisatie kan mogelijkheden bieden voor verbeterde kredietwaardigheid. U ontdekt de beste manieren om strategisch met kredietlimieten om te gaan, overmatig lenen te voorkomen en een gezond evenwicht te bereiken dat kredietverstrekkers en partners zullen waarderen.

De kunst van timing: op tijd betalen

De routine van zijn kredietreis wordt georkestreerd door regelmatige betalingen, net zoals een goed getimede stilte textuur toevoegt aan een muzikaal optreden. In dit hoofdstuk onderzoekt u het effect van tijdige betalingen op uw kredietgeschiedenis. U zult zien hoe het routinematig vervullen van uw financiële verantwoordelijkheden het spel kan veranderen en uw geloofwaardigheid als betrouwbare lener kan vergroten. Daarnaast onderzoek je methoden om ervoor te zorgen dat betalingen en kasstromen perfect op elkaar zijn afgestemd om de kans op wanbetalingen te verkleinen.

Onderzoek naar nieuwe instrumenten: kredietdiversificatie

Uw kennis van zakelijk krediet ontwikkelt zich naarmate u de hoofdstukken leest. In hoofdstuk 15 verbeter je je strategie door te leren over de allernieuwste tools. Nadat u de basisbeginselen heeft geleerd, gaat u dieper in op het idee van de kredietmix, of op de verscheidenheid aan verschillende kredietsoorten in uw portefeuille. Een belangrijk onderdeel van het aanscherpen van uw plan is dat u begrijpt hoe een gezonde mix van debetkaarten, leningen en andere financiële apparaten uw beoordeling beïnvloedt.

Sonate voor risicobeheer: voorzichtig omgaan met schulden

Net zoals zakenreizen hoogte- en dieptepunten kennen, kent elke compositie hoogte- en dieptepunten. In hoofdstuk 15 leer je de nuances van effectief schuldenbeheer kennen. Je onderzoekt methoden om de gevaren die met lenen gepaard gaan te verminderen. In dit gedeelte vindt u de kennis die u nodig hebt om verstandig met lenen om te gaan, van het onderzoeken van het effect van schulden op de financiering tot het bepalen van het vermogen van uw bedrijf om leningen af te lossen.

Conclusie: een meesterwerk in de maak

Hoofdstuk 15 is een cruciaal moment in je reis, niet zomaar een hoofdstuk. Houd er rekening mee dat u een verhaal creëert dat verder gaat dan woorden terwijl u door de pagina's bladert, de inzichten ervan in u opneemt en de lessen ervan in de praktijk brengt. De kredietstrategie van uw bedrijf is meer dan alleen een schriftelijk document; het is een dynamische kracht die de koers van uw onderneming bepaalt. Terwijl u elk onderdeel een laatste poetsbeurt geeft, schildert u meer streken op een canvas dat de expansie, stabiliteit en uithoudingsvermogen van uw bedrijf symboliseert. Profiteer optimaal van dit hoofdstuk, want het is meer dan alleen een boekhoofdstuk; het is een transformerende vonk die u zal helpen zakelijke uitmuntendheid te bereiken.

Hoofdstuk 16:
Casestudies: zakelijk kredietsucces in de praktijk

Succesverhalen onderzoeken in zakelijk krediet in de echte wereld

De succesverhalen zijn als leidende lichten die de route voor anderen verlichten in de complexe ondernemingswereld, waar elke actie een afgemeten stap naar succes is. We beginnen aan een reis door concrete prestaties terwijl we het domein van 'Case Studies: Real-Life Business Credit Success' verkennen, en we leren onschatbare lessen voor iedereen die zijn eigen weg naar financieel succes wil banen. Laten we deze fascinerende verkenning beginnen met enkele praktijkvoorbeelden van hoe goed bedrijfskredietbeheer het leven van mensen heeft veranderd.

De Odyssee van de ondernemer: nieuwe hoogten bereiken
Denk aan een zakenman die op pad gaat met een visie die alle barrières overwint: een gedurfde droom. In elk van de voorbeelden in onze onderzoeken wordt Lisa, een beginnende ondernemer die met

een onderscheidend product de e-commerce-industrie betrad, aan de lezer voorgesteld. Haar pad werd gekenmerkt door slim kredietgebruik. Lisa creëerde een duidelijk bedrijfskredietprofiel in plaats van persoonlijk contant geld te gebruiken. Dit beschermde haar persoonlijke geld en maakte het voor haar mogelijk grotere kredietlijnen te krijgen. Door zorgvuldig met haar krediet om te gaan, kon Lisa financiering verkrijgen voor reclamecampagnes, voorraadgroei en zelfs wereldwijde ontwikkeling. Haar ervaring dient als voorbeeld van hoe het gebruik van bedrijfsfinanciering de visie van een ondernemer kan vergroten.

Van crisis tot triomf: The Reinvention Chronicles

Succesverhalen rijzen af en toe uit de as van ontberingen. Neem John, eigenaar van een klein bedrijf, die zwaar te lijden had onder een recessie. John zou het misschien hebben opgegeven toen hij werd geconfronteerd met de moeilijkheden van afnemende verkopen en krappe financiën. Niettemin nam hij de beslissing om zijn bedrijfskrediet verstandig te gebruiken om de storm te doorstaan. Om de druk op de cashflow te verminderen, onderhandelde John opnieuw over de voorwaarden met leveranciers, regelde hij terugbetalingsschema's met kredietverstrekkers en herschikte hij zelfs bestaande schulden. Hij overleefde de crisis niet alleen dankzij zijn proactieve houding, die werd ondersteund door een sterke kredietgeschiedenis, maar het zorgde er ook voor dat zijn bedrijf een verbazingwekkend herstel doormaakte. De ervaring van John dient als voorbeeld van hoe goed beheerd krediet onder moeilijke omstandigheden een redder in nood kan zijn.

Groeiversneller: succesvolle partnerschappen

Onze volgende casestudy geeft een verbluffende illustratie van hoe partnerschappen kunnen fungeren als katalysator voor transformatie. Denk aan een tech startup die een bepaalde sector volledig wil transformeren. Dit bedrijf vond zijn weg naar expansie door het creëren van strategische allianties. Ze trokken durfkapitalisten aan die de mogelijkheid zagen voor exponentiële expansie dankzij hun sterke zakelijke kredietwaardigheid. Het bedrijf maakte wijselijk gebruik van leningen om R&D te financieren, toptalent in dienst te nemen en de activiteiten uit te breiden. Dit succesverhaal laat zien hoe goed creditmanagement een bedrijf in de richting van snelle groei kan stuwen door ook partners te lokken.

De innovatiereis: het verkennen van onbekende wateren

Onze tweede casestudy betreft een farmaceutisch bedrijf dat op de rand van een baanbrekende doorbraak staat. Innovatie heeft vaak financiële steun nodig. Slim creditmanagement maakte de weg vrij voor hun creativiteit. Ze maakten zorgvuldig gebruik van kredietlijnen om diepgaande onderzoeken, klinische onderzoeken en het naleven van regelgevingsinitiatieven te betalen. Dankzij hun slimme kredietstrategie konden ze een evenwicht vinden tussen het houden van hun aandacht voor innovatie en het nakomen van hun financiële verantwoordelijkheden. Hun verhaal laat zien hoe lenen een voertuig voor innovatie kan zijn zonder de financiële zekerheid in gevaar te brengen, en het vindt weerklank bij bedrijven die onbekende wateren willen verkennen.

De Legacy Builders: zorgen voor succes door generaties heen

Bedrijven die generaties overstijgen hebben een speciale kredietstrategie nodig, en de focus van onze laatste case study ligt op een familiebedrijf met een lange geschiedenis. De kredietgeschiedenis van dit bedrijf werd gekenmerkt door een toewijding aan financiële stabiliteit op de lange termijn. Ze kregen toegang tot voordelige financieringsregelingen voor updates van apparatuur, uitbreidingsplannen en zelfs overnames door een uitstekende kredietgeschiedenis hoog te houden. Hun ervaring herinnert ons aan de waarde van het koesteren van een krediterfenis die verder gaat dan alleen kortetermijnvoordelen en de continuïteit van succes over de generaties heen garandeert.

Conclusie: lessen gegraveerd in Triumph

Terwijl u zich verdiept in deze praktijkgerichte succesverhalen over zakelijke kredieten, bedenk dan dat het meer is dan verhalen; het zijn blauwdrukken voor je eigen reis. Elke casestudy omvat lessen van onschatbare waarde – van strategisch kredietgebruik en crisismanagement tot groeiversnelling en duurzame opbouw van erfenissen. Deze verhalen zijn een bewijs van het feit dat elk bedrijf, ongeacht zijn omvang of sector, het transformerende potentieel van credit management kan benutten om opmerkelijke prestaties te leveren. Laat deze triomfen uw leidende sterren zijn en het pad verlichten naar een toekomst waarin uw bedrijf staat als een bewijs van de kracht van visionair credit management.

Hoofdstuk 17:
De toekomst van zakelijk krediet: trends en inzichten

Onthulling van de toekomst van zakelijk krediet

De concurrentie een stap voor blijven is een strategische noodzaak in de voortdurend veranderende zakenwereld, waar transformatie de enige constante is. Terwijl we ons verdiepen in het onderwerp 'De toekomst van zakelijk krediet: trends en inzichten', beginnen we aan een reis die ons voorbij het heden brengt en een voorproefje geeft van hoe de zaken er in de toekomst uit zullen zien. Dit onderzoek is meer dan alleen een voorspelling; het is een zorgvuldig onderzoek naar nieuwe patronen en paradigma-veranderende percepties die het potentieel hebben om de manier waarop organisaties naar krediet kijken te veranderen. Laten we dus aan deze fascinerende reis beginnen en de mogelijkheden van bedrijfsfinanciering in de toekomst verkennen.

Geautomatiseerde en kunstmatige intelligentie in het technologietijdperk

Stel je een wereldbol voor waar kredietbeoordelingen sneller, nauwkeuriger en op maat gemaakt zijn voor specifieke ondernemingen. Om de betrouwbaarheid van een bedrijf te bepalen, kunnen algoritmen nu enorme hoeveelheden gegevens onderzoeken, waaronder financiële gegevens en aanwezigheid op het internet. Het besluitvormingsproces wordt versneld en menselijke vooroordelen worden verminderd door deze datagestuurde methode te gebruiken. Bedrijven kunnen erop anticiperen dat kredietaanvragen in de toekomst in een mum van tijd worden afgerond, waardoor ze direct kansen kunnen benutten.

Een nieuwe definitie van personalisatie: kredietoplossingen op maat

Personalisatie is de sleutel tot de toekomst van bedrijfsfinanciering, maar niet in de conventionele zin. Het gaat om het aanpassen van kredietstrategieën aan de vereisten en situaties van elke organisatie. Dankzij moderne analyses hebben kredietverstrekkers nu een grondig inzicht in de financiële gezondheid, risicotolerantie en groeidoelstellingen van een bedrijf. Deze kennis stelt kredietverstrekkers in staat kredietproducten op maat te creëren die een aanvulling vormen op de doelstellingen van het bedrijf. Overweeg om kredietaanbiedingen te krijgen die niet alleen gebaseerd zijn op cijfers, maar ook op een grondig inzicht in de ontwikkeling van uw bedrijf.

De opkomst van de blockchain: transparantie en veiligheid

Zakelijk krediet staat op het punt een transformatie te ondergaan vanwege de blockchain-technologie, die ten grondslag ligt aan cryptovaluta. Stel je een gedecentraliseerd, ondoordringbaar grootboek voor dat op transparante wijze elke geldtransactie bijhoudt. Dit zou de nauwkeurigheid van de kredietgeschiedenis verbeteren en inconsistenties wegnemen. Bovendien kunnen de onveranderlijkheid en veiligheid van blockchain frauduleuze activiteiten verminderen. Bedrijven kunnen in de toekomst vertrouwen op de door blockchain aangedreven kredietgeschiedenis om de betrouwbaarheid, veiligheid en onveranderlijkheid van hun kredietgegevens te garanderen.

Een alternatieve benadering van kredietscores

Financiële gegevens vormen een belangrijk onderdeel van traditionele kredietbeoordelingsmodellen. Er wordt echter een breder scala aan gegevensbronnen opgenomen in de toekomst van bedrijfskredieten. Bedrijven bieden een schat aan gegevens die kunnen worden gebruikt voor kredietbeoordelingen, van sociale media-activiteiten en online klantbeoordelingen tot partnerschappen met leveranciers en de dynamiek van de toeleveringsketen. Alternatieve kredietscoremodellen die rekening houden met deze verscheidenheid aan gegevens kunnen een completer beeld geven van de kredietwaardigheid van een bedrijf, vooral voor nieuwe en kleine ondernemingen die misschien geen lange financiële geschiedenis hebben.

Samenwerking tussen ecosystemen: de kracht van allianties

Bij de komende generatie zakelijk krediet is sprake van een breder ecosysteem van belanghebbenden die samenwerken voor ieders gewin, in plaats van alleen maar kredietverstrekkers en leners. Stel je een situatie voor waarin kredietverstrekkers, leveranciers, partners en bedrijven veilig kredietinformatie kunnen delen. Deze samenwerkingsmethode kan een compleet beeld geven van hoe een bedrijf met elkaar omgaat, verplichtingen aangaat en presteert. Deze geïntegreerde omgeving kan openheid en vertrouwen bevorderen en kansen creëren voor betere leenvoorwaarden en strategische allianties.

Sociale en ecologische verantwoordelijkheid als maatstaf voor duurzaamheid

De volgende generatie bedrijfskredieten zou sociale en ecologische verantwoordelijkheid als kredietcriteria kunnen opnemen naarmate de wereld zich richting duurzaamheid beweegt. Stel je voor dat kredietverstrekkers bij het bepalen van de kredietwaardigheid van een bedrijf rekening houden met milieu-initiatieven, vermindering van de impact op het milieu en bedrijfsethiek. Betere kredietvoorwaarden kunnen voortvloeien uit een streven naar duurzaamheid, wat een weerspiegeling is van een trend in de richting van het belonen van bedrijven die het welzijn van de samenleving en het milieu op de lange termijn voorop stellen.

Mondiale expansie eenvoudig gemaakt: toegang tot grensoverschrijdend krediet

Bedrijven overschrijden vaker dan ooit internationale grenzen in een steeds meer onderling verbonden omgeving. Vereenvoudigde toegang tot financiering op de internationale markten is wat de toekomst van bedrijfskrediet voor ogen heeft. Geavanceerde kredietbeoordelingsmethoden kunnen organisaties helpen bij het snel vaststellen van hun kredietwaardigheid in nieuwe markten. Dit maakt de toegang tot de markt en de groei ervan eenvoudiger en maakt het voor bedrijven mogelijk om vol vertrouwen te profiteren van mondiale kansen.

Het Canvas van Morgen, tot slot

Het is van cruciaal belang om te onthouden dat deze trends een reëel traject zijn dat het kredietlandschap nu al beïnvloedt nu we eindigen op onze reis naar de toekomst van bedrijfskrediet. De integratie van technologie, data, samenwerking en verantwoording zal de toekomst van bedrijfskrediet vormgeven. Het is een leeg canvas waarop bedrijven een beeld kunnen opbouwen van hun financiële aanpassingsvermogen, persoonlijke service en ethisch bewustzijn. Door deze trends over te nemen, kunnen bedrijven zichzelf positioneren als pioniers in een kredietomgeving waarin het niet alleen om cijfers gaat, maar om de algehele levendigheid en winstgevendheid van bedrijven over de hele wereld. Door deze trends over te nemen, bedrijven kunnen zichzelf profileren als pioniers in een kredietomgeving waarin het niet alleen om cijfers draait, maar om de algehele levendigheid en winstgevendheid van bedrijven over de hele wereld. Houd daarom in gedachten dat de toekomst een patroon is dat wacht om te worden geweven terwijl u aan de vooravond van deze dynamische transformatie staat. In dit tapijt kunnen bedrijven floreren door gebruik te maken van het opwaartse potentieel van de revolutionaire reis van krediet.